글쓴이 김성은

평등의 길을 걸어가려면 무엇이 필요할까요? 작은 불평등도 알아챌 수 있는 눈, 차별받는
사람들의 한숨 소리를 들을 수 있는 귀, 잘못된 것은 고쳐야 한다고 말할 용기가 필요하지요.
세상을 바꾸는 큰 힘은 한 사람 한 사람의 작은 관심과 용기에서 나온다고 믿습니다.
그동안 쓴 책으로는 《그때, 상처 속에서는》, 《바람숲 도서관》, 《열두 달 지하철 여행》, 《지도 펴고 세계
여행》, 《한라산 대 백두산 누가 이길까?》, 《마음이 퐁퐁퐁》, 〈같이 사는 가치〉 시리즈 들이 있습니다.

그린이 박재현

시각 디자인을 공부하고 그래픽 디자이너로 활동했습니다. 지금은 다양한 기법으로
어린이책에 그림을 그립니다. 그동안 그린 책으로 《투발루에게 수영을 가르칠 걸 그랬어!》,
《세상에서 가장 힘이 센 말》, 《링링은 황사를 싫어해》, 《국가야, 왜 얼굴이 두 개야?》,
《세금을 지켜라!》, 《살려 줘!》, 《수리수리 뇌》 들이 있습니다.

평등 씨는 공평해!

ⓒ 김성은·박재현, 2019
초판 1쇄 발행 2019년 6월 13일 | 초판 2쇄 발행 2023년 1월 23일
펴낸이 임선희 | 펴낸곳 (주)책읽는곰 | 출판등록 제2017-000301호
주소 서울시 마포구 성지1길 43 | 전화 02-332-2672~3 | 팩스 02-338-2672
홈페이지 www.bearbooks.co.kr | 전자우편 bear@bearbooks.co.kr | SNS twitter@bearboook
ISBN 979-11-5836-142-6, 979-11-5836-043-6(세트)

만든이 우지영, 우진영, 김나연, 최아라, 연혜진 | 꾸민이 하늘·민, 신수경, 김지은, 김세희 | 가꾸는이 정승호, 고성림, 전지훈, 김수진, 백경희, 민유리
함께하는 곳 이피에스, 두성피앤엘, 월드페이퍼, 해인문화사, 으뜸래핑, 도서유통 천리마

이 책은 저작권법에 따라 보호받는 저작물이므로 무단 전재와 무단 복제를 금합니다.
이 책 내용의 전부 또는 일부를 사용하시려면 반드시 저작권자와 출판사의 동의를 얻어야 합니다.

평등 씨는 공평해!

김성은 글 · 박재현 그림

안녕? 반가워.
나는 누구에게나 공평한
평등 씨야!

사람은 자유롭게 사람답게 살 권리가 있어.

힘들면 쉴 권리가 있어.

이 권리는 누구나 똑같이 누릴 수 있어야 해.

평등은 기회를 고르게 주는 거야.

평등은 공평하게 나누는 거야.

대체로는 똑같이 나눠야 공평하지만

야호, 오늘 간식은 맛있는 피자다!

다섯 명이니까 5등분해서 한 조각씩 먹으면 되겠다.

때로는 필요에 따라 나누는 게 공평하기도 해.

둘이 같이 캤으니까 똑같이 나누자.

아니야, 너희 집은 식구가 많으니까 네가 조금 더 가져가. 너희 할머니가 고구마를 무척 좋아하신다며.

평등은 다르다는 이유로 차별하지 않는 거야.

여자 일, 남자 일이 따로 있지 않아요.

피부색이 달라도 사는 모습이 달라도 모두 친구예요.

그런데 사람들은 왜 차별을 할까?

특정 집단에 대한 편견과 고정 관념 때문에

우리 편은 높이고 상대편은 낮잡아 보려는 마음 때문에

낯선 것에 대한 두려움 때문에

혹시 너도 이러고 있지는 않니?

만약 네가 차별을 당하면 어떨 것 같아?

너무 슬퍼서 눈물이 날 거야.

나 자신이 싫어질 것 같아.

꼭꼭 숨어서 사람들 앞에 나서지 않을 거야.

내 잘못도 아닌 걸로 차별받으면 무지 화날 것 같아.

사람은 저마다 다른 모습을 하고,
다른 생각을 가지고, 다른 환경에서 살아간단다.
그런데 서로 다른 부분을 두고 옳고 그름이나
높고 낮음을 따질 때 차별이 생겨나는 거야.
다른 사람을 무시하거나 함부로 대하지 않는 세상,
모두가 존중받는 평등한 세상을 만들려면
어떻게 해야 할까?

 평등 연습 ❶ # 평등 감수성 키우기

평등 감수성이란, 우리 주변에 자리 잡은 불평등을 알아차리는 힘이야. 이미 익숙해져 있는 것들을 조금 다른 눈으로 살피는 습관을 들여 보렴.

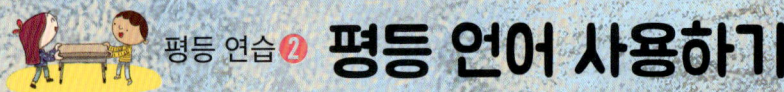

평등 연습 ❷ 평등 언어 사용하기

어떤 말 속에는 편견과 차별이 담겨 있단다. 그런 말을 무심코 쓰다 보면 불평등을 당연하게 받아들일 수 있어.

'여자가', '남자가'라는 말은 빼고 말해요.

집안일은 '도와주는' 것이 아니라 '같이' 하는 거예요.

직업을 말할 때는 성별을 빼고 말해요.

누군가를 낮잡아 보는 이런 말들은 사람에게 큰 상처가 된단다.

너희 반에 다문화가 있다며?

오빠, 다문화가 아니라 다솜이야. 다솜이는 나랑 가장 친한 친구니까 그런 말 하지 마.

철민이는 아빠가 없다고? 저런, 결손 가정 아이로구나. 쯧쯧, 불쌍하기도 하지.

결손 가정이 아니라 한 부모 가정이에요. 그리고 철민이 하나도 안 불쌍해요.

왕코 / 돼지 / 깜씨 / 땅꼬마

겉모습을 가지고 놀리는 것도 차별이에요. 다른 사람 외모에 대해 이러쿵저러쿵하지 않아요!

 평등 연습 ❸ # 평등 행동 실천하기

생각만 하고 말만 해선 아무것도 바뀌지 않아. 중요한 건 행동이야. 불평등과 차별에 반대하고, 평등을 지지하는 작은 실천이 필요해.

 평등 연습 ④ **평등 가족 만들기**

평등의 실천은 가까운 곳에서부터!
우리 가족이 평등해야 세상도 평등해질 수 있어.

돈은 꼭 아빠가 벌어야 하는 게 아니에요.
살림은 꼭 엄마가 해야 하는 것도 아니고요.

아빠가 힘이 세지 않아도 괜찮아요.
엄마가 날씬하지 않아도 괜찮아요.

엄마가 물건을 더 잘 고칠 수도 있어요.
아빠가 요리를 더 잘할 수도 있어요.

급식 도우미나 교통 지도는 엄마든
아빠든 형편 되는 사람이 해요.

공평하고 동등한 대우를 받을 때 넌 어떠니?

누구 앞에든 당당하게 나설 수 있을 것 같아.

열심히 노력하면 뭐든 다 해낼 수 있을 것 같아.

집에서나 학교에서나 내가 맡은 책임을 다해야겠다고 다짐하게 돼.

내 모습이 어떻든 어떤 환경에서 살든, 그런 건 중요하지 않다는 생각이 들어.

어떤 사람들은 말하지.
지금은 옛날에 비하면 평등해진 거라고.
하지만 불평등과 차별로 고통받는 사람이 있는 한
평등을 향한 발걸음을 멈출 순 없어.
모두가 공평하고 동등한 대우를 받는 세상이 올 때까지
다 함께 한 걸음 한 걸음 평등의 길을 걸어가야 해.

평등의 길을 걸어가면 우리가 점점 크고 넓어져.

다문화 수업 시간에는 몽골 국기와 문화에 대해서 배워요.

서로를 알아 가며 함께 어울려 놀다 보면 금세 친구가 돼요.

아주 특별한 평등 이야기 • 하나

남아프리카 공화국에 사는 은코시 존슨은 엄마 배 속에서 에이즈에 감염된 채 세상에 태어났단다. 에이즈 환자인 친엄마 대신 양엄마에게 맡겨진 은코시는 축구를 좋아하는 밝고 씩씩한 어린이로 자랐지. 그런데 일곱 살이 되어 학교에 가려고 입학 원서를 냈더니 이런 답이 돌아왔어.
"은코시 존슨의 입학을 허가할 수 없습니다. 우리 아이들을 에이즈 환자와 함께 생활하게 둘 수 없습니다."

은코시는 생각했어.

은코시는 엄마와 함께 사람들을 찾아다니며 호소했어.
"에이즈는 피가 다른 사람의 상처에 닿지 않으면 전염되지 않아요.
에이즈 감염자를 차별하지 말고 다른 사람과 똑같이 대해 주세요.
저도 학교에 다니며 친구들과 함께 공부하고 싶어요."
은코시 이야기가 널리 알려지자 사람들의 마음이 움직이기 시작했어.
그제야 정부에서도 에이즈 감염자에 대한 차별 금지법을 만들었고,
은코시는 학교에 다닐 수 있게 되었단다.

평등의 길을 걸어가면 다들 마음껏 꿈꿀 수 있어.

진아는 리틀 야구단에 단 한 명뿐인 여자 선수예요.
남자아이들이랑 똑같이 훈련하고 시합에도 나가지요.
오늘도 진아가 안타를 쳐서 진아네 팀이 이겼어요.
우리나라에서 여자는 프로 야구 선수가 될 수 없다고들 하지만,
진아는 포기하지 않을 거래요. 여자에게도 프로 야구의 길이 열리는
그날까지 열심히 노력할 거래요.

🩷 아주 특별한 평등 이야기 • 둘

지금으로부터 100여 년 전 일제 강점기 때 일이야. 열여섯 살 난 권기옥은 미국인 조종사가 평양에 와서 곡예비행 하는 모습을 보았어.
"아, 멋지다! 나도 하늘을 날고 싶어."
그날부터 권기옥은 비행기 조종사를 꿈꾸게 되었어. 아울러 '송죽회'라는 비밀 모임에 들어가 빼앗긴 나라를 되찾는 일에도 앞장섰지.
3·1 운동이 일어난 뒤 일본의 감시를 피해 중국으로 건너간 권기옥은 항공 학교에 입학하려 했지만, 여자라는 이유로 받아 주지 않았어. 당시에는 여자가 비행기를 조종한다는 건 상상조차 못 할 일이었거든. 하지만 권기옥은 포기하지 않고 계속해서 지원서를 냈어. 그 뜻을 높게 본 상하이 임시 정부에서 추천장을 써 주었고, 결국 여학생으로는 처음으로 윈난 육군 강무 학교 항공과에 입학할 수 있었단다.

학교에서는 프랑스에서 비행기를 사들이고 교관을 데려와
학생들에게 엄격한 비행 훈련을 시켰어. 권기옥은 누구보다 열심히
공부하며 조종술을 익혀 나갔지. 그리고 우리나라 최초의 여성 비행사가
되어 나라의 독립을 위해 많은 일을 했단다.

평등은 그네를 타는 것과 같아.

평등은 시소처럼 한쪽이 올라가면
다른 한쪽이 내려가는 게 아니야.
나란히 앉아 그네를 타듯이,
상대를 낮추면 나도 함께 낮아지고
상대를 높여 주면 나도 함께 높아지지.

위도 없고 아래도 없고
먼저도 없고 나중도 없이
나란히 함께 가는 것이 바로 평등이란다.

자, 이제 평등의 그네를
함께 탈 준비 됐니?

오, 너 모자 예쁜데!

오, 너 머리 멋진데!